Tanpa Dusta

Commencement du Sud

Poésies

ISBN ebook: 978-2-9569640-0-1
ISBN papier :978-2-9569640-1-8
EAN : 9782956964001

A Sannabellenta
A la ville éclairée de lumières

SANNABELLENTA

Ce que tu n'es pas Sannabellenta
Le toncsin de la ville
Ce que tu n'es pas Sannabellenta
La folie des cités
Ce que tu es toujours accrochée à mon cœur
L'astrolabe d'amour
Et ce que tu seras
Les voiles dépliées

Ce que tu n'es pas Sannabellenta
Le destin du malheur
Ce que tu n'es pas Sannabellenta
Pénia portant Poros
Ce que tu es toujours accrochée à mon cœur
L'astre parfait qui brille
Et ce que tu seras
C'est ma terre brisée

Ce que tu n'es pas Sannabellenta
C'est cette musique-là
Ce que tu n'es pas Sannabellenta
L'avenue du soleil
Ce que tu es toujours accrochée à mon cœur
C'est la neige au ressac infléchissant sa course
Ce que tu es toujours allongée dans mon cœur
Et ce que tu seras
C'est cet être glacé

Ce que tu seras pour toujours
Ma muse
Le renouvellement du monde
Le commencement de la rose
L'atome sortant joyaux
Le poète s'annonçant à la craie

Ce que tu seras pour toujours
Ma muse
C'est ce qu'effacent les pas
Mais qu'on ne peut oublier

Et tant et tant d'étoiles
Parées de draps de soie
Peut-être issues de l'imagination

Et tant et tant de rêves
Et autant de poèmes
Ma muse
Ma voie lactée.

COMMENCEMENT DES MERS DU SUD

L'écume triomphante ne cessait d'avancer
Criarde, tu la voyais changer sous ce lit vert
Le mont des divergences était sali et triste
Au commencement du voyage il n'y avait que toi
Puis un frêle esquif et du noir faussé
Des paillettes rieuses aussi lèvres du vent
Pour finir l'esquisse de mon tendre négoce
Je reprendrais bien encore un bout de ce pruneau
Je recommencerais bien à aimer dans la ville
Je gouterais bien à nouveau en l'amour à son pied
Je classerais bien ce monde, j'y poserais mon tripot
Et le long de mon quartier résistant entrainant entrainé
Quatre ans de travaux plus tard
Tu pourrais peut-être pour toujours m'escorter
Mais je suis là seul ministre
Polémique, immondice médiatique
Obligé d'écrire là
Le destin me dessert sans vergogne
Et il ne me reste que peu de police créée
Et les premiers appels de ce parc criant gare
Me plongent encore sous la peau sangs mêlés
Alors je dois faire ressurgir l'élection

La réconciliation
Les champs d'amour possibles
Et la soif sans nom
Le marbre du penseur
Le marbre de la vie
Et la poésie
Ma poésie
Dans ce Pau enrichi sans distinguo du bien
Et faire grandir le roi
Et son corps repoussé à l'extrême
Et le temps du chagrin
Sa rudesse
Sa torpeur
Sa mélancolie
Comme l'écume blafarde au berceau du pays
Jeune artiste sauvé
En commencement des mers du sud.

TOI

Toi qui entrais dans ma scène
Toute petite scène
De mes dix-neuf ans
Tudesque même
De par ton nom
Les mains bleutées
Et les yeux lourds
Parcourant ce ciel incroyable
Ne piétinant que l'amour
J'avais ta merveille
Au jardin profond
Aussi fécond que le jour
Ornière majeure d'aucun changement
Toi qui m'entrainais dans ma scène
Nouvelle scène
Mon envers du temps
Tudesque même
De par ton nom
Les mains posées
Et les yeux lourds
Chapeautée de soie
Magie du cyan
Je balayais l'écume des jours
L'étendard des rideaux de flamme
Je brumisais ma soif impossible
Je blanchissais les confins de mon mutant
sensible
Inspiré à la scène

Et
Aussi souveraine que le vivant
Tu te nommais
Tu te prénommais
L'imagination
Seulement drapée des rêves du soleil
Maison commune de tant de toiles
De tant de voyages à venir
Splendeur parfaite tachetée d'étoiles
De tant de souvenirs
Dans le froid clapotis immense aux portes du palais d'argent
Dans mon adoration de ton pays
Dans mon adoration de ton pays sombre
Dans mon adoration de ton pays violent
De ce pays aux portes du palais toujours libre éperdu
Insufflant de la peine
Insufflant des barbelés
A la brisure absolue
Au rassemblement des sphères hurlantes
S'amoncelant fortement en silence devant moi
Tu étais si belle
Mon incongru visage
Le plus parfait visage de l'Orient
Membre infini de la rue sans âme
État étale sauvage du printemps
Merveille délestée de mon quartier d'automne
Carnage acidulé
Etage du chant

Pareillement posée
Avidement dessinée
Subitement funeste
Et
Vers le rêve
Certaine tendresse en voguant çà et là
Prose des pages magiques

Ne serait-ce que cela mon cœur
La mer au loin et l'océan Pacifique
Toi l'issue de ma natte, et dont le manou, et
dont le porteur du bagne s'apprivoisent au fil de
ceux qui me rejoignent enfin.

AU VILLAGE D'APRES

J'ai dans l'idée de dormir
De périr
De cramer
De pleurs en pleurs
Et d'oliviers en oliviers
De forces vives
En noirs baisers
J'ai dans l'idée d'oublier

Je pourrais de mes mains déposer un objet
Au creux de tout cela
En haut à droite
Je n'aurais qu'à appuyer

Je n'aurais pas alors à interroger les politiciens
véreux
A refermer le livre de mes mains
A scander ma révolution
Mon destin jaune
A scander mon nom

Ce serait facilité par la pluie qui tombe en
continu depuis ce matin
Qui tombe drue
Qui chute et se courbe et se cabre

Ce serait rendu plus aisé par le sentiment de
pouvoir

De toute puissance
Que réserve la fronde
Pouvoir que j'abhorre plus que tout

Je n'aurais pas alors à entrevoir
Le balai
L'essuie-glace
Le vestige
La courbe ralentie
La cambrure rétrécie
Le faible ralentissement des planètes
A l'évocation de ma perte

Je n'aurais pas alors à le crier au monde

Je n'aurais plus qu'à le chanter

Une dernière fois

Ce serait tellement plus facile

Ce serait

Tellement alors la fin

Je n'aurais pas alors à égorger deux trois
politiciens si peu vertueux

A servir de goupille à une non-guerre charnue
Agencée et fourbue

En qui je me suis perdu
Pour pouvoir mieux me reposer
Pour pouvoir mieux aimer

Ce serait tellement plus simple de ne pas postuler
De ne pas se battre
Contre la folie des hommes
A la réverbération du monde professionnel
Et de l'argent
Qui perturbent tout

Pourvu que le diable me confesse
J'ai dans l'idée de ne pas survivre
A cette Tchétchénie.

EXODE

Sannabellenta
Je veux écrire le vœu de toi
Je veux faire l'histoire
De ton rire de ton temps
Qui emporte à ma vue ton image
Je veux de toi un culte
Et t'aimant j'apprendrai le présage
De ta magie
De ta beauté
Sannabellenta
Je veux t'aimer

Est-ce pourtant mon exode
Mon trésor
Est-ce pourtant ton soleil
Est-ce pourtant ton nom
Le nom de tes parents
Quand je goute à chaque instant
Ton miel
Perché en haut du mas
Ou bien est-ce l'étalement
Du monde
Qui émiette ma foi
Qui me fait m'entrainer avec toi ?

Et est-ce pourtant
Un seul ciel
Ma peine

Est-ce cela qu'on dit Dieu
Du poète
De ce qu'il lui en reste
Est-ce pourtant
Ce ciel-là
Seule
Que tu défends ?

Sannabellenta
Je veux écrire le vœu de toi
Je veux faire l'histoire
De ton rire de ton temps
Qui emporte à ma vue ton image
Je veux de toi un culte
Et t'aimant j'apprendrai le présage
De ta magie
De ta beauté
Sannabellenta
Je veux t'aimer.

L'ESPÉRANCE

Aime l'errance et l'île
Aime tes doigts rongés
Aime ton luth posé
Sous cette musique-là
Aime le monde des oliviers
Aime les vers et les pieds
Les hommes des zincs amers
Aime l'écume qui rit
Aime attendre la nuit
Aime les cales bancales
De ta dérive-là
Aime ces combats de clans
Tes chemins cheminant
Tes souffles noirs soufflant
Tes gouffres s'engouffrant
Les pages vierges de ton être
Aime l'ébahissement
Aime
Aime
Jusqu'à la folie
Aime les conquêtes perdues d'avance
Aime surtout le temps

Déteste
Déteste l'écume sombre
Déteste la sinistrose
Déteste la haine des hommes
Peste contre ton cœur qui fuit

Regrette ta folie
Regrette tant de choses
Déteste les plaines vides
Les venteux enlaidis
Et les petites vies
De tant de choses apprises
Déteste ta prison
Près d'un lac la nuit
Quand s'éclaircit la lune
Déteste ta solitude
Déteste les bars cafés
Les banquises et le vent
Déteste surtout l'ivresse
De ceux qui t'ont sali
Songeant à d'autres moyens
D'enfanter d'autres proses
Comme autant de sujets
Toutes ces heures lasses et pire
Toutes ces villes de demain
Téléphones à la main
Tous ces fracas qu'attristent
Les fracas de ton cri

Aime
Aime les paix si béantes
Qu'elles viennent de la forêt
Des landes et des coteaux
Du monde des flâneries
Aime les bronzes des astres
Leurs lectures et leurs rondes

Et malgré tout
Aime infiniment
Aime passionnément
Ta chienne de vie
L'éternité fusante
Qui avance à grands pas
Sur ton destin ruiné
D'avoir aimé une ombre
De l'avoir trop aimée
Et par-dessus tout
Offres-toi
Offres-toi par-dessus les choses
Offres-toi par-dessus tout aux choses
Offres-toi par-dessus tout au printemps de la
vie

Aime surtout le temps des pierres qui ne
rouleront plus
Aime la coque refermée
De ton bateau plié
Jusqu'aux dernières balises
Aime par essence l'amour parfait
Jusqu'à la fin
Vis
Pleure
Et brûle même ton enfance

Déteste les murs les portes les prisons les
palais
Qui viendront de ta peine

Ou de ta dernière chaise
Qui viendraient d'un pari

Aime
Aime les noces des rois et des reines
Et les marques de choix
Et les marques d'amitié
Qui n'en viennent qu'à attendre leur heure

Et tes prières
Savoure-les en festins
Savoure-les toutes en danses
Savoure ton dieu ami
Quand le destin s'arrête

Aime les ventres par terre
Goûte tant à leurs parfums
Des cieux qui ont compris
A rêver de lumières
Illumine la terre
Et finis en artiste
Psalmodie en artiste
Qu'on dit
Être de joie

Brise
Brise tous les silences
Brise toutes les grimaces
Brise toutes les ignorances
Brise toutes les rancœurs

Brise les froides noirceurs
Intimes intimités
Pessimistes dessinés
En langues de carcans

Vis
Vis intensément
Vis indéfiniment
Avec les étoiles
Poésies
Et flirte avec le vide
Et le chapeau flottant
Les poches toutes percées
Et l'espoir en aimant
Aime à être l'être aimé
Et aime infiniment
L'être tel qu'il te sied

Déteste
Déteste tous ces gens
Déteste surtout ces gens
Qui t'ont rendu tes rides
Prends brimades et menaces
Prends leurs villes et leurs faces
Et jette-les en-bas
Pas loin des grottes des monts perdus et des
passantes
Puisqu'ils t'ont menotté, déclassé, dévisagé,
maudit

Galvanise
Galvanise la foule
Galvanise l'amour
Galvanise la houle
Dévale les belles au bal
Roses tendres et futiles
Et mets-les à faner
Détache quelques pétales

Dis-leur
Que tu es dans leurs seins
Que tu es dans leurs bains
Que tu t'y baignes enfin
Apprends-toi à mentir
Apprends-leur à se taire
A leur aise dis-leur tout ce que l'amour impose
Ne vient des seuls diamants
Et
Vient
Dans les peaux et bosquets
De l'antre d'aucun sorcier
De l'espoir retrouvé

Ainsi
Tu pourras
Aimer.

CRABE TAMBOUR

Sans toi je ne bats plus tambour
Sans toi je me meurs peu à peu
Mon amour
Sans toi je suis comme aux débours
Je me fais vieux
Sans toi les colombes survolent
En plein ciel les sommeils de l'école
Sans toi le pré qui reverdit
S'angine de mélancolie
Sans toi les déclins sont carrés
Sans toi je ne sais plus où aller
Sans toi dans ton lit de lumière
Sans toi la vie est éphémère
Sans toi je suis bien sans titane
Je pourrais pour toujours quitter Cannes
Je pourrais aux frontières sans mensonge
M'encarter pour toujours outre-songes
Et rejoindre le vaisseau quotidien
Sans toi je serais bohémien
Je monterais dans les flots blancs
Aux larmes sans dents de ces flocons
Sans toi je passerais le monde
Sans toi je me sectionnerais
Sans toi qui es douce à aimer
Sans costumes je saurais quoi trancher
Au fonds sans toi je n'aurais peur
Que de ma vascularité
Au fonds sans toi je n'aurais peur

Que de ce sens de ce malheur
Qui perdure entre toi et moi
Telle est ma profession de foi.

APOSTROPHES

Je t'ai épaulée
Je t'ai nommée
Je t'ai sonnée
Je t'ai presque choisie
Je t'ai tempérée
Je t'ai dégourdie
Tu n'en avais nullement besoin
Tu étais si belle
Comme une poésie
Je t'ai dévoilée
Je t'ai choyée
Je t'ai arraisonnée
Je t'ai précipitée
Je t'ai épouvantée
Je t'ai mirée
Je t'ai grimée
Je t'ai bordée
Je me suis trompé
De tous les côtés
Je m'y suis mal pris
Je ne savais même pas où j'étais
Dans ta ville
Je t'ai aventurée
Avenue du Soleil
Je t'ai fusée
Je t'ai portée
A jamais
Tu étais si belle

Là où tu pouvais briller
Je t'ai aimée
Près d'un palais
Près d'un esquif
Près d'un plein ciel
Et forte et couverte de baisers
Pour mieux commencer ma vie
Tu m'as crapoté
Tu m'as dénoncé
Jusqu'à perdre pied
Comme l'horizon pôle emploi balbutie
Comme mes poches chagrin sont vides
Comme le chant du poète se ride et se délie
Comme il ne reste que l'attroupement
D'un café carré d'un visage
Vu et cendré
Noces du temps
Même sans âge
Comme ton dévalement
Te place toujours loin de moi
Le bobo dans ma main changeant
A chaque instant de mon paraître
A chaque instant de mon mal-être
A chaque instant sous mes fenêtres
Bleues et fermées
Mon amie infinie de l'enfance et du vent
Déployée aux abords de la ville
Je voyage encore
Pour toi
Je tente encore

Ce que je peux tenter
Sans toi
Je pleure encore de tout mon être
Je te sais qui brille dans ma tête
Je te désigne mon seul trésor comme
l'honneur du sanctuaire d'ici
Homme d'étale et d'étain
Des quartiers vermeils
Je te dédie ma main
Qui se brise dans ma bile de bohémien
Nouméen.

FUNICULAIRE CLAIR

Pau qui se presse aux Pyrénées et qui si tendrement chaque jour se déploie
Si magistralement
Ne sait pas qui contemple l'autre
Sont-ce les tristes figures de ces coteaux brandis
Ou les allées jaunies d'un parc loin de la rive
Ou bien le gave en lui qui foule mélancolie
A la croisée des lunes
De tout un chacun qui perturbe le pic
Est-ce bien le Néouvielle qui se teinte de blanc
En son manteau neigeux
Ou bien plus simplement
D'une paire, entre quatre yeux
Chacun en dit long sur l'autre ?
Chacun en dit toujours long sur l'hiver
Et sur le creux des sentiments
Chacun en dit toujours long sur les élans du jour
Toujours, toujours, chacun aime parler d'amour.

CES CHAINES SEULES

Tu ne l'as pas
Tu ne l'as pas encore
Ta lente liberté
Tu ne la tiens pas encore
Dans ton passé pressé
Tu le sais
Qu'elle s'enfuit comme la peste
Ta liberté
Depuis que tu es né
Homme noir
Tu le sais
Que tu t'en lestes
A chaque carré qui passe
A chaque pire
Te désarçonnant
A chaque semeur semeur de nuits
Aux bars sales et salis
De ta pauvreté
Pourtant
Tu l'amènes quelquefois
Comme un hôte incertain
Sous ton gilet maussade
Et aux carrefours
Sans armes
Tu l'amènes
Même

Parfois
Sous tes larmes
Près de tes LBD
Jusqu'aux nouveaux pays
Jusqu'aux villes coupées
Coupées jusqu'à se tordre
De piété qu'on piétine
Mais tu les brises
Ces chaines
Du pouvoir
Et
Tu les brises
Ces chaines
Du devoir
Puisque tu ne risques rien
Puisque tu n'as rien de plus que tes mains
De travailleur social
Aux bas-fonds des cités
Et cela je le sais
Ton gilet n'est pas jaune il est noir et fumant
Comme autant d'automnes massacrés
Bille en tête
Et la tête si souvent défigurée
Tu l'amèneras
Peut-être
Dans ta cellule
Qui le sait
Privé de liberté
Au carré réservé
Qui t'attend c'est certain

Puisque ta seule certitude
Homme noir et géant
Est de pouvoir aimer
De ne rien posséder
Autrement que l'espoir
Comme le genre humain
Si lâche et muselé
Tu l'inventeras
Pour demain
Notre liberté
L'échangeant aux étoiles
Pour d'ultimes sommets
Le noir se sublimant
Aux couleurs du gilet
Tu le verras flambant
Ton gilet ocre et terre
Puanteur de ces bagnes
Renversant le chapitre
Criant sur les cités
Comme au temps du coton
Dans les lieux de l'absence
Où tu fus exploité

Confusao na Rubem Berta, em Porto Alegre

Liberdade na Rubem Berta, em Porto Alegre.

GUITARE SECHE

Je me rince aux flots bleus
Du corail, et mon board repu
Surfant sur les écumes
Appréhende en secret
Ma quête destinée
Baignée au cœur des boues
Guitare sèche
Les routes resurgies
Gagnant côte oubliée
Conduisent les souliers
Sur l'ile de la vie
Je me rince aux flots bleus
De l'espoir
Guitare sèche
Le jardin, le bonheur
Déversent les noix mêlées
Pour un soir mélomane
Pour un son à l'orée
Du désert
Sur l'ile du tamanou
Je m'accroche à la corne
De son cou de gourou
Comme un vieux lion de mer
Qui marche vers la nuit.

DÉVERS AFFICHÉS

Mon temps hirsute mon cri mon âme mon tendre museau dans le froid polaire

Ma vision claire de l'amour embrasant l'éternité

Le glissement de Pâques des amis incertains

L'hiver de mes larmes qui n'est rien d'autre que le début d'un désert

Mon passé sûr valant foi d'un destin

Et ce paraître de la rue sans paillettes

Et qui détruit ma face, parfaitement imbue,

Métrique et solitaire

Glanant deux fées de joie dégoupillant ma vie

Ma glace qui se brise au charriot vert pourri

De la traite des hommes

Communistes et anti-communistes me serrant fort

Qui s'arrangent des dupes même par-delà les rois maudits

Et le brin de mon cœur qui se nique sur l'écran affairé

Son ouverture qui scelle son drame sa détestation sa chienlit

Mes tout petits bondissements qui finissent absurdes

Avant de me flinguer

Déviation

Province Sud

Qui vrombissent au volant de la rose des sables
Prière de demain, lisière en la forêt
Au rayon des proses du préau d'hiver
Où je l'ai rencontrée
Avenue de mes lauriers
Pour apprendre enfin de mon péril d'enfance
A bien moins me vanter
Et sous mon règne en bandelettes bouillantes craquant sons et corbeaux
Des tonnes de corbeaux
Accrochée à ma bandoulière, mon étoile, mon fardeau
Mon lourd molletonné poème
En un mot de Béarn
Cathédrale dressée
Sous les fleurs aux radiers
Menottes de mes peurs
Sous mon leste
Sous ma cicatrice
Sous ma belle alcôve
Sous mon sale flingue
Mon sale caractère s'alignant
Je n'ai plus qu'à me laisser porter
Qu'à lui proposer ma main
Là où tous mes vers sombres se déploient et se détendent dans son envergure

Mon trésor,
Il coule sous le sable

L'éternité de toi

Comme les boues que l'on maltraite au matin
L'éternité d'une soie
D'une peau
D'une fusée
D'un dessein
D'une amitié qui emporte les rêves
D'une lumière étendue qui est là pour s'aimer.

LE LONG DES JOURS DES FLEURS

Je te vois au loin
Tout près du bonheur
Le long des jours des fleurs
Des roses ou des fuchsias
Semblant frémir dans la brume
A porter, à porter de nous tout ce qui a fauté
Par faute de dire les mots
Ce petit bout de brume triste
Ce long canon si blond de mon barillet
Petit barillet rotatif
Et en vertu de l'instantané
Le temps d'en découdre
De te prendre dans mes bras
Je te vois au loin
Toute déployée
Toute alignée
Ma précieuse brisure
Mon trésor
Ne pas avoir dit les mots suffit peut-être pour aimer.

L'ENFANT ET SES MAINS

A mon tendre rêve

Tes petites mains
Ton petit berceau
Ton petit chagrin
Ce n'est pas que des mots
Ton petit dodo
Ton lit incliné
Berçant tendrement
Quelques beaux jouets
Au rêve du vent
Ta peau fantastique
Tes choses mouillées
Tes doigts grelotants
Nos rêves crayonnés
D'habits en musiques
Et la dulcinée
Le soir s'enroulant
En un seul mot tendre
C'est le temps du rêve
Qui était le rêve
Et bien avant ça
Était clapotant
Comme un geste suave
Ou une belle slave
Qui n'existe pas

C'est le cœur qui enlace

L'odyssée de la nuit
Qui craint les menaces
Ou se teinte en cris
Mais qui dit bonjour
A n'importe qui
Pour l'éternité
Lucioles et grande ourse

Tes petites mains
Et ton petit lit
Tes petits bonheurs
Mais ta grande vie.

COMMENCEMENT DU SUD

Lorsque du magma intense si brûlant de mon cœur
Mille contrées saillantes
Luttaient, placides, lucioles et lumières fustigeant l'émerveillement
Alors tu jaillis
Ma muse
Figeant mille destinées
Observation des nuées
Et phare
Muse étincelante

Je m'imaginais poète au palais de l'amante
Qu'aucuns ne diront poète
Amoncellement de l'être
Fief de mille brandies
Soleil des sillons jaunes incrustés dans la peau
Sous une pluie d'étoiles
Dans un torrent de mots

Et toi,
Luth, lyre faible,
Pleurant aux tristes emmêlées
Retenant le carré des alarmes vaillantes
Carillon des regrets
Allant de charges en charges, de pas en pas, de tendres réunions en presque toujours recommencements

Issus des préaux de l'enfance
Carillon d'un baiser parvenu de si loin
Aux sentiers cendres du destin
Aux souffles oscillants se penchant comme
imperceptible sur la douce folie

Nous en aurons gravi des espaces de demain,
des cimes souffreteuses à la froide aspérité de
nos âmes
Nous nous serons éteints
Nous nous serons tellement éreintés dans le
Sud
Hirsutes véhéments comme de vieilles peaux
assoiffées
Moi le croqueur de chutes, antique japonais, la
barbe d'un Dieu grec triomphante
Et toi si belle à foison, en tendresse asiatique,
en tendresse à aimer, comme l'orage de Cioran
népalais s'abattant sur l'espace, vivant tes rêves,
loin du porteur d'épaules de mes vingt ans

Et moi,
Luth, lyre faible
Dans ces temps si adolescents, si troublés, et
sous ces caves infinies issues de ma bohème,
Dans ma si blanche magnificence si blanche
en profondeur d'aimer, si profonde grandeur
Tel le disque se levant crasseux sous la buée
de deux poivrots déconfits
Mes pneus crissant et me portant

Au loin loin de ta ville
Eradiquant les enlaidissements des
souffreteux amis
Du rouge sombre sur le cœur
Du rouge sombre dans le cœur
Du rouge sombre dans la peau
Du rouge sombre d'aimer
Du rouge route de tes baisers

Ainsi commença le Sud
Nul ne le nia

Je prie pour toi
Mon trésor
Je meurs pour toi
Dans ma cité.

TOUS CES VISAGES

Et le lac géant sans âge
A jamais le reflet de l'amour
Et la rapsodie ouverte dans ce bruit sourd
Et le cœur brûlant
Et tous ces visages
Et ces canards de Melbourne sifflant siffleurs
Pour une tendre flopée de bulles
Puis une vietnamienne de l'enfance sans trace
Deux tresses de six ans de strass
Et leurs toujours gris raccourcis
Puis les prés verts triomphants
De l'âge adulte
Le prince qui n'est vraiment jamais charmant
Mais inculte
Enfin une longue flopée de vide
Tahiti
La vie comme celle du mahatma Gandhi
Et puis toujours toi mon amour
Pour que j'aie l'air de moins hurler
Dans une ballade qui jaillit
Qui est mon ancre à jamais.

SEMBLANT FLIPPER

Semblant flipper semblant rechercher
semblant vivre
Semblant espérer semblant mendier
Semblant ne plus légiférer
L'air chétif l'air hautain
Charriant le monde
Le doigt sur la gâchette
Quitte à trouer le papier
Semblant me maudire semblant me dire
Semblant m'émietter
Semblant me pendre au liseré
Semblant m'effacer
Sans continuer
Dans la perpétuation du rêve
Semblant me tuer
Me perpétuer
Me démettre
Semblant une lettre de toi
Rien qu'un mot de toi
Un rire au collier
Une fleur de toi
Une fleur fanée
Rien qu'un pédalier
Pour croire en toi
Pour croire en moi
Pour avancer
Sur ma chaise.

MES LILAS TENDRES

Mes lilas tendres
Démêlent tes rêves
Les cahiers de cendres
Ton pelage osé
Quatre-vingts regrets
Sont fleurs au réveil
Au jour émietté
Du dernier chagrin
Car tu es venue
Dans la nuit si folle
Et si follement
Je t'ai tant aimée
Je sais il tombe des poèmes
La ville est gonflée comme une plaie
On n'arrondira pas
Le mot je t'aime
Il suffira juste
De le pleurer
Alors
J'étudie, le temps d'un été
Comment suivre sous tes pas
Comment survivre à ce passé
A me mêler
A ton quartier
A pousser l'espoir
Par ta cheminée
Et à respirer
Toutes tes poussières

J'étudie les matins qui s'accrochent à tes chambres

Je petit-déj'

Aux lilas tendres.

MON COEUR VOTE POUR VOUS

Bientôt chancelant
Mon cœur vote pour vous
La chandelle éteinte
La bougie tombée
Bouffi par l'ivresse
Mon cœur vote pour vous
Je vote pour vous
Une dernière fois
Avant de sombrer
Avançant, sautant sur le banc
Le pull délavé, sali par la crasse
Quittant les quartiers tristes des trucks du marché
Les yeux fermés
La ville lampadaire
Dernier éclairage
Où finir paumé
Mon cœur
Mon cœur infini
Mon cœur d'épitre à Saint Jean de poète vote pour vous
En l'an zéro des buées, cœur éteint, écumes blanches

Car vous la déesse de l'amour
Car vous le réconfort de l'époque
Car vous le retour du dessein, destinée
Chant d'étoiles face aux nuages de la mort

Vous n'êtes pas venue pourtant
Je vous attendais.

TON CRI

A ceux qui se prénomment au hasard platitude
A ceux qui suivent la rue
A ceux qui affrontent l'émerveillement sans l'affronter
A ceux qui de pas en pas cherchent la fin des rêves
A ceux que l'amour apprivoise
Qui s'exposent, sans s'exposer
Et qui consacrent toute leur existence à gouter si peu à cette même quête de la vie
Et qui parfois n'en font rien
Mais qui pourraient mourir pour Dieu
Ou qui en sont peut-être déjà morts
A au-moins ceux qui me ressemblent au plus profond de leur être
Et à celle pour qui j'ai écrit
Et pour qui je conjugue le verbe aimer
Et qui est l'amour parfait de ma vie, grisant et suprême, et qui va au-delà de tout, et qui vaut bien, au-delà de tout, que je place au centre de toute mon existence, ce qui vaut ma liberté, son infini visage, qu'elle a créé,
Et dont je ne suis que celui qui l'ouvre et le referme comme un livre
Comme un château de cartes
A sa Voie lactée

A son corps nacré de bleu

A ses chevaux errants

Et aux champs de luzerne et au mont des oliviers

Et à mon déambulateur

Mon âme dépasse cet imaginaire

Au-delà du rêve

Dans la haine et dans la barbarie

Dans l'obscurité de mon enfance vieillie

Enfance bourgeoise et molle trahie par quelques-uns

Issu de l'accaparement des adultes, et de leurs encéphalogrammes plats

J'offre cette rose à ma muse

Cette rose cueillie ce matin

Arpentant la tendresse

Brûlant d'y vivre enfin…

DIVISIONS

J'écoutais le trafic
Parcourant l'Amérique
Sur un rythme de hockey
A la fin j'ai aimé
Quelques journées de toi
J'ai côtoyé les hommes
J'ai même dribblé leurs pommes
Des appels mal vengés
Des vengeurs mal masqués
J'ai quitté, monotone
Tes basques et mes musées
A la fin j'ai aimé
Quelques journées de toi
J'ai côtoyé les hommes
J'ai même dribblé leurs pommes
Mais il ne reste rien
Que mes verres et mes chiens
Et mon ciel mal placé
Et ma lune, sous ton toit
Au désespoir de vivre
Au désespoir d'aimer.

SUCCESSIONS DE FLEURS

Si la rosée éclot comme la fleur
Puis en vrac
Si le bonheur éclot comme la fleur
Et pêle-mêle
Si nos sangs mêlés
Se lèvent comme la fleur
Eclateront
Nos visages
Nos croisements
Nos rêves
Si à la rosée
Succède le bonheur
Dans nos blouses
Puis nos carrés d'enfance
Se lèveront les étoiles.

MADAME LA BEAUTÉ QU'ILS DISENT

Madame la beauté qu'ils disent
Ils disent Madame la beauté
Madame la beauté qu'ils disent
Ils disent Madame la beauté
Sous les ruines et les emprises
Ils disent Madame la beauté
Madame la beauté qu'ils disent
Comme un péril dépassé
Trafiquante des prisons d'aimer
De mes songes et de mes regrets
Madame la beauté qu'ils disent
Ils disent Madame la beauté
Mais la beauté elle ne réclame
Que liberté
Madame la beauté qu'ils disent
Ils disent Madame la beauté.

CRAQUAGE

Elle s'accroche doucement à la foule
La ville tentaculaire
C'est un volcan sur l'eau qui coule
Au sein des buildings des lumières

Elle range, fourmille, organise, empeste et porte
Chacune des ombres pressées
Décline en cela un monde
Sous un désert de cloportes

Son sort bleuit mais elle est morte
Quand seule s'y croise l'hiver
Et la grisaille changeante qu'apporte
L'échafaud des couleurs amères

Quand elle
La ville
S'accroche si doucement, la ville
La ville tentaculaire.

POUR TOUJOURS

Avec Anita
Avec des rêves au creux de mes bras
Au plus profond de moi
On ne voit pour l'instant que la beauté
Pour l'instant on ne voit rien d'autre
On n'entend pour l'instant aucun souffle
souffler
Pour l'instant on ne voit que la beauté

Avec Anita
Soixante minutes de destin
Comme un moulin qui s'enraille
Au début au tout début de ma vie
On ne voit pour l'instant que la beauté
Pour l'instant on ne voit rien d'autre

Car pour toujours
Parmi les jours imbus et tristes
Avec Anita
Il n'y a que toi
Pour toute la vie
Mon amour

Et tous les fleuves d'Asie
Et toutes les rivières de la vie
Et toutes les mers et ports sous cloches
Et toutes les prisons dorées

Car
Pour toujours
Parmi les jours
Il n'y a que toi loin de ma poésie
Il n'y a de toi que mon amour.

BILLIE JEAN

Dans la poche de mon jean
Il y a Billie Jean
Et dans mon débarras
Quelques disques de ça
De Gainsbourg à Johnny
De Johnny à Chamfort
Imitateur de Bécaud
Quelques larmes de ton corps
Comme un lointain échos

Mais dans la poche de ma vie
Il n'y a que toi qui chante
Dans la poche de ma vie
Les mots et les échos.

PROVIDENCE

Mon Dieu
Aujourd'hui
Je te vois lumière
Vision éphémère
Dans une mer de sang
Tu es là devant moi Maman
Démente korrigane
Mon âme frissonne
Une Sultane
Telle que toi
Validée par Satan
Maman
Dissèque
En cinq-sec
Le sultan fatigué
Que j'étais alors
A l'article de la mort
Puis de vertu
Se tue aussi
L'amie femelle
De mes éternelles fantasmagories
Et joies
Ainsi en selle
Scellant son agonie
L'ongle lent des nuits infinies
Sur toi lamie s'enfonce
Et loin de moi tu fonces
Et loin de moi tu ris

Tu ris des cieux
De Dieu
Tu ris
De toi
Tu ris
De moi
A Dieu
Dis va
Vers toi
Adieu
Diva
Je t'aime.

QUAND

Quand
S'élanceront
Dans le ciel
Les rois de l'histoire
Et les princes
Et les morts
Ceux du refrain du Bataclan
Ils auront une longueur d'avance
Sur la fatalité

Brises, sphères dansantes, jardins bleus, jardins mauves, foires ouvertes
La mort déploie ses gants rieurs ou en plein phare
Celui-là de son chant, du sillon inventé
Est parti ce matin
Est parti ce matin
Dont il ne reste rien, que cette absurdité

Mais moi je reste là
A pleurer l'insoumise
Et toi noire tu es là
Sous la splendeur d'un zinc
En ta nuque fumante
En ta farce à tes pieds
Sous la splendeur d'un lit
En l'écume riante

Sous la pluie qui se plie
Qui accroche l'asphalte.

MON FRERE

Je te viserai mon frère
Je t'attendrai comme un fou
Sûrement j'écrirai sur les toits
Pour que tu sois là
Debout
Je serai toujours là pour toi
Mon frère
Ma veste rebondie sera à toi
Mon visage doux se reflétera
Je serai un expert
En tout
Mais tu me saborderas
Une nouvelle fois
Mon frère
Oui dans ce monde de parias
Tu me cloueras le bec maudits clous
Le vent du désert te portera
Dans ce soir perdu d'hiver
Où tout te ressemblera

Je te viserai mon frère
Je t'attendrai comme un fou
Tu ne t'en sortiras pas comme cela
De nos maudits détours de nos maudits tous
Je te ramènerai une nouvelle fois en vie
Loin de mon compte en banque, loin de ta galère

Je te viserai mon frère
Je guetterai tes mots doux
Mon argent, demain comme hier,
Ne sera que pour toi, mon frère
Je te truciderai bien avant le néant de ma vie
Ne rêvant plus que d'un vol sombre
Du dégagement
Bien sûr, dans mon cœur,
Dans l'ombre de ces manants
Croisés au hasard des rues
Sans diamant,
Il ne restera que le bruit du vide
Que le néant de nos vies
De nos bottes
Demandant trois sous

J'aurais tant eu à apprendre de toi
Petit saoul
Bien sûr
Tu n'en seras pas
De ma perdition de ces maudits clous
Je t'aimerai pourtant partout et pour toujours,
mon frère,
Je t'aimerai pourtant au portant vert, mon
frère
Toi seul
Toi seul
Toi seul qui si sombre m'a trahi

Je te viserai mon frère

Je te viserai
A bout portant
Comme un fou
Comme tu l'as toujours fait

Je te viserai mon frère
Je t'aimerai comme un fou

Je te viserai mon frère
Je te viserai.

ELLE ET LUI

Le vieux vieillard n'est pas parti de la ville
Parce qu'il n'a plus de père, et que l'exil
Cent fois il s'y est enfoncé, sur le chemin
Sous la terre, sous le destin
Le vieux vieillard n'est pas parti de l'exil
Parce qu'il n'a plus que sa peau sombre
Et les étoiles qui brillent
Le vieux vieillard n'est pas parti du beau soleil
Il reste donc seul, il est à quai
Mais il se dit qu'il bougera
Le vieux vieillard n'est pas parti
Des destinées
L'étendue ne vaut pas le rêve
Les rêves ne valent pas l'amour
Le vieux vieillard n'est pas parti
De son quartier
Il pleurera
Encore aux bois
Il pleurera
Notez au passage son lieu
Nord Sud
Est ouest
Mille fois plein phare
Près d'un cartable
Sous un préau.

MONDE DE RANGEES D'EAUX

Monde de rangées d'eaux, entouré de longs chants
Livre intact, mer turquoise, marin, prénom d'enfant
Et aux lumières sacrées de provinces possibles
Le destin s'y défend, commun, s'exige instamment

Il se fonde dans l'espace, au milieu de ses clans,
Habitat naturel d'une igname avalée
Les robes mélanésiennes y tracent éternellement
Les oiseaux du dimanche le parcourent en beauté

Sur le vert noir salé se cognent larmes et cerfs
Et feux, pirogues, palétuviers, et indéfiniment
L'éclipse est là, réelle, gobant les crabes lisses
D'un soir noir et parti, quand soudain est le vent

A l'homme clair qui sûrement viendra à lui serrer
Brutalement la main, le Kanak lui errant
Au parfum de sa fleur, aux presqu'îles rêvasses

Je peux dire et je signe que son temps y est bon

Toutefois les nuages sont là, toujours présents
Ne reste que l'igname
L'igname infiniment
Ne reste que l'igname
Ne reste que le temps.

LE BROUILLARD

La misère automate désespérée et libre se rue loin de l'orage qui frémit tendrement

Ligne amère et odieuse au bar indifférent

Tourbillon s'annonçant autours des familiers

Elle plie en les vautours qui bruissent à s'échapper

Et l'atmosphère est pleine, gagnée injustement

Crystal, terres, destins, arpentez la montagne

En ce vide ardemment dans les brèches diurnes

Changez en nous glissant un pavé de cyan

Contingence si pâle

Aimez en nous suivant.

PRESENCE

Je préside, et tu planes
Je m'élance en l'air, tu files
Je te fonde, tu réfléchis,
Je suis en bas, tu es massive

Le genre humain fusionne encore
Pourtant tu es mon seul trésor

T'as souvent vu
La brume rivale
Dans la noirceur
De ces gens ?

Que les femmes emmènent au bal
Pour se donner à leurs diamants

Et quand parfois
Je te regarde
Je me dis
Tu avais raison

Et quand parfois je te parle
Je mystifie
Tes arguments

A force d'arc, je suis une flèche

A force de cri, je deviens loup

Et quand le vent me porte encore
Je brise tout ce qui est en dessous

Et quand le vent me porte encore
Je brise tout ce qui est en dessous.

LARMES

Dans une ville sans magie et sans cœur et glaçante et glacée une sirène étrangère se morfond et se noie, et ce n'est pas le rêve, et ce n'est que mon ombre

Ses neurones se défont et se perdent dans un grand tourment, mon corps tournoie en pleines onomatopées

Tout le reste n'est qu'illusion, elle ne se souvient pas de moi, elle a oublié mon prénom

Et moi son confident je ne vais pas applaudir aux gens qu'elle a perdus, à sa furie barbare

A l'idée de l'avant, colonie de l'après

Je ne vais pas applaudir aux mondes qu'elle a perdus

Mais faire ressortir d'elle l'incommensurable

Lorsqu'on verse de l'eau froide sur un baril chauffé, le silence s'évapore, l'amour est métaphore,

On pourrait presque dire qu'il ne se passe rien

Il faut attendre je pense une éternité

Pour qu'il advienne enfin

Une part infime de bleu

Au bout de cinq minutes le vide partiel se plie et se crée

L'air s'échappe

Au contact du froid l'air se contracte

Et à présent il rétrécit

Lorsqu'on verse de l'eau sur du vide

Lorsqu'on verse de la beauté.

LOYAL

Quand j'étais misère aux lueurs de ton nom
Et que je t'écrivais aux sentiments profonds
J'entreprenais mille flambeaux, par monts
En un milliard de choses en long
Comme un soleil à ton sillon

Loyautés,
Quand j'ai commencé à vieillir un peu,
J'ai dû veiller en allié en creux
En toi, ma belle éternelle
Attelle en mon parfum bleu

Loyautés,
La mine n'est que nouméenne
La maladie tragique est mienne
C'est l'espoir qui sert à la vaine
Fin, la peine qui perd en haut lieu.

SPECTACLE ENCHANTEUR

Ce n'est ni passé, ni basse rive, ni soleil, ni dépression, ni spectacle, ni mensonge
Ni cent mille refrains, ni mélodies, ni peurs, ni calmes, ni tempêtes, ni trains
Ni chants, ni glas, ni pas, ni puissant, ni passant, ni archange
Mais un ange

Ce n'est ni ombres, ni ruines, ni foutaises, ni chaines, ni peines, ni haines
Ni saisons, ni problèmes, ni soupirs, ni pire, ni rires, ni veines
Mais esquisse, impulsion, poussière et poésie
Mais ma vie ma mission mon alliée mon uni
Mon sentier, mon soulèvement, mes forts coups de canon
Mon soleil, ralliements, présents
Mon terrain, résolution, engagement, alliée
C'est elle, mon trouble, mon monde entier
A partir d'elle à partir de maintenant je serai nu des braises
Emigrant existant au hasard absolu
Le monde saura son nom quand je l'aurai vaincue
Le monde se changera en entraves et perdu
Et perdu
Et songeur
Je l'aimerai.

DEUX AMIS

Est-ce une oreille qui sauve, un front qui sauve, une bosse qui sauve, une énergie qui sauve, un talent qui sauve, un sourire qui sauve, une métisse qui sauve, l'amour, corps pensifs, secrets, songeurs, une énergie multiple, distinguée, un train-train frappé en plein cœur, une fierté libre, une errance libre, errante toutefois ?

Saillie à dix mètres sous terre. Je m'adresse à l'amour en criant.

Est-ce le temps de l'abîme, le temps du non-sens, de ma folie, de la dérive des continents, de ma mutinerie, de ma rébellion ?

Est-ce cela mon apogée ? Est-cela mon déclin ? La trahison, le mensonge, l'hypocrisie... Et suis-je si fort dans cet élan ? Si riche dans ces pleurs ? Si pauvre dans ces regrets ?

Est-il venu le moment où je devrai, seul, m'affronter moi-même et mon inhumanité ?

Je crois que oui, je vais modifier mon rôle, à l'arrache. Je vais offrir tout de moi. Seul. Si profondément seul. Je goûterai à l'absolue nécessité de la pluie qui s'amoncelle, de la dépression qui s'installe, du hasard qui s'enfuit.

Ne serait-ce que cela l'amour qui sauve. Celle qui est la plus belle du bout du monde, celle qui ne s'est jamais donnée, celle à qui l'on ne renonce que par folie, que par crainte. L'amour parfait.

Inutile temps des pleurs et des regrets. Inutile temps amer-amour de l'adolescence. Inutile temps de l'enfance. Voici le temps du rêve. Voici le temps du commencement.

IL Y A VINGT ANS

Il y a vingt ans
Une étoile brillait dans la nuit
Il y a vingt ans jour pour jour
Il y a vingt ans d'une longue nuit
D'une étoile d'amour
Il y a quinze ans
Un ange changeait de pays
Il y a quinze ans jour pour jour
Il y a quinze ans d'un long pays
D'un ange devenu sans amour
Il y a dix ans
Je recevais le monde
Je recevais les heures
Je recevais les jours
Je recevais l'amour
Je recevais mes pas
Et depuis, depuis
Je ne sais pas
Et depuis, depuis
Je ne sais pas.

SOLEIL, QUAND TU ES LA

Il ne parait que toi pareil à ce matin
Glorieux et sinistré au ciel chaud imbécile
Brûlant comme un sourire ou comme un
parchemin
Il ne sera que toi au sourd de mon pas vil

Mais tu es loin de moi

L'osmose le cœur en l'air taille fraîchement
l'hiver
Se blottit tendrement parfois brûlure ou sein
Et tente sous le sable violent contemporain
D'imbiber le passage intérieur de mes vers

Car tu es loin déjà

J'arpente les carrés presse
L'Orient la pluie le vent
Et les larmes paressent
Au fil indifférent

Comme tu es loin déjà

Et n'envahit que ruse
Martyre du trompeur
Que le vieil arbre abuse
Bel amant du pleureur

Soleil, quand tu es là.

SURBRILLANCE

Elle se traine pareil à la pluie
Et s'endort en gardant son lit
Elle se repait de larves et crèmes
Répète alanguie qu'elle aime
Elle respire où se payent les peines
Elle se sait ombre où elle subit

Peut-être qu'elle a perdu le jour
Vient de détruire la dépressive
Vient de sombrer sans un amour
Pleure désunie, comme une rive

Toutes ses prières de prison
Flottent belles, incommensurables
Elle chante comme se lève le son
Ses pas noirs au château de sable

Son lit dur a tout partagé
L'avenir sans page, et ses reflets
Plus grise, plus verte qu'un désert
Au cœur de son vide de pierre
La nuit est déshérence tu sais

Elle t'emmène pour être changée
Pour arroser l'obscur trop lourd
Au sein de sa tour de velours

Alors glisses-toi dans sa genèse
Car elle est belle, et mise à l'aise
Et tu loges au cœur des étoiles
A la soie rose ou frappe sale
Que tu scrutes en éternité

Pour devenir lumière, qui sait

Alors change toutes ses poussières
D'un arc-en-ciel, de ton éclair
Tu dépasseras la misère
Tu seras le vent et la terre
Le chant masqué, la nuit qui porte,
Tu seras loin de ces mortelles
Amours
Tu seras l'amour en été.

LES CENDRES

J'ai longtemps cherché mon bien-être
En toi
Et l'âme loin de mon amour
Les larmes statiques du bonheur
J'ai marchandé, conduit, filé,
Pendant des heures
Toujours ragé d'autres lieux, d'autres seins
Destiné l'argent à la table
Poker de rue, quête minable
Les étrangères individuelles
Les toiles des maitres du désert
Mais le loup loin de mon amour
C'était pour toi, au cœur du jour
Si magnifique, d'un parfum doux
Les orages des rives d'Hanoi
Les senteurs profondes, et le monde
Les hésitations redoublées
Et la paix qui s'étend, clarté
Mais le loup loin de mon amour
C'était pour toi, au cœur du jour
Si magnifique, d'un parfum doux
Si magnifique
Comme des cendres

J'ai longtemps cherché mon bien être
En toi
Et l'âme loin de mon amour

Les larmes statiques du bonheur
J'ai marchandé, conduit, filé,
Pendant des heures
Toujours ragé d'autres lieux, d'autres seins
Destiné l'argent à la table
Poker de rue, quête minable
Les étrangères individuelles
Les toiles des maitres du désert
Mais le loup loin de mon amour
C'était pour toi, au cœur du jour
Si magnifique, d'un parfum doux
Comme des cendres.

LE COMBAT

C'est le moment de monter à l'étage
Ou à la chambre
De monter, monter encore
Monter les villes
De démonter
De s'agiter
Donner
De vendre
De survendre
De surjouer
De faire des phrases
De montrer sa tête
De s'emmurer
Et de s'étendre
De se répandre
De se défaire
Dans son mal être
Et de sauter
Fort sur le sable
Moitié bourré
Parmi la foule
Au cœur des êtres
Dans les falaises
Dans un parterre
Vagabonder
Partir en houle
Mais il est temps de pleurer
Je te le dis

C'est mon moment préféré
Comme l'ennemi
Et puis jurer
En vrille jurer
Cracher ses diables
Sur l'infini
Surtout ne pas oublier de tout cracher
Tout perforer
Tout éructer
C'est le moment du jonc qui plie
Des couteaux sombres de l'hiver
Des masculinités, des abbés verts
Et l'immense salle des prières
C'est le moment de se relever
Relever la tête
De tuer les imams impossibles
Les religions anonymes
Les terroristes
Et puis courir dans les nuages
Loin de ces cages
Quatre murs mètres carrés de rage
C'est le moment de s'armer
Je suis Charlie
C'est le moment d'être en entier
D'être son cœur
Ensoleillé
C'est ça la vie
C'est le moment
De la liberté
Du malheur

C'est le moment
De lutter
D'être son cœur
C'est le moment
C'est surtout le moment
De se battre.

LA VIETNAMIENNE

La vietnamienne
D'un rien sage, métissée
Terre impassible
Sphérique et lave
Lave d'argile
Belle Sylphide
Belle et humaine
Belle et beauté
Se nomme l'incarnation
La vietnamienne
Impossibilité
Erreur prévue
Bas-fonds et nue
Peau lisse, usine
Pliage perdu
Belle et rieuse
Emballement du parfum
Lune tanguée
Lune fumeuse
La vietnamienne
Brouillard de mots
Et l'air d'un roi
Tonne de tonnes
Tonnes d'acier
Tonnes de poèmes
Sous-estimés
A mille cinquante fois le mot poème
Dans son cœur

En quelques secondes du matin
Et d'une main
Et d'un cœur
Et d'un être
Qui n'accoure jamais à moi
Son destin
Destin créateur de solidarité
La vietnamienne
Forme sphérique
Bleuissement
Corps froid magique
Fille qui roule
Et roule et roule
Et vole et vole
Et n'en finit plus de voler
La vietnamienne
Nue
Tendre
En rêve et beauté.

LA ROSE

Je goûtais vaillamment à l'urgence du matin
Et serrais tendrement comme en rêvant la
rose
Qui pareille à l'osmose supportant le destin
Avait pour élégance le goût de toutes choses

Métamorphose d'une fête, d'un astre et d'un
jardin
Dont l'ombre se défait comme se perdent les
pas
Fête des résurgences et du pouvoir malin
Intrépide, insouciante, merveilleuse, Alleluia

C'est aujourd'hui encore que s'offre noir le
soir
Et qu'au fil benêt qui passe, je m'élance sans
lumières
C'est dans ce froid si sombre que s'offrent les
rizières
Dont l'inexploration est un torrent d'espoir

Alléluia, nuit pleine de mille de mes ardeurs
Forteresse du mur sur lequel on gravite
Commandement du Sud, port royaume qui
invite
En l'amour éternel comme au hasard des
heures.

PORTES DU PARADIS

Ma ville en phrases pleurait, vapeur
Sous mes épaules, processus par terre
La pluie triste et tombée était vide au désert
J'arpentais bien souvent en fredonnant
l'horreur

La folle avancée de la misère
La folle stagnation de mes pas
La folle prière glaciale et fière
Les folles lames limbes

J'aurais partout, et le soleil aidant, pourtant,
conquis le paradis.

CAMBODGE

Je suis de ce pays du Cambodge, je suis de cette noble dame, je suis de ce monde-là, par mes ancêtres, par mon grand-père

Je suis sur ses chemins, ses muses, ses pierres et ses bois

Et plus encore je suis de ses peuplades, et de ceux croisés au hasard de ses rues

Et les poches vidées, la guerre toujours perdue

Je suis de toutes ses femmes qui se promènent en brut

Et que je pourrais prénommer du doux nom de ma muse

Je suis surtout de ses frémissements

De ses hirondelles

De ses arpents

De ses sommets, ses arêtes, ses lacs

De ses enfants, ses cailloux

Je suis de ses faïences, ses cassures, ses brisures

Ses sens sur le champ de bataille

Que me tordent le cou

Je suis bien sûr de ses mots, de ses instants fabuleux

Son riz, son enfantement, ses baisers,

Son soyeux Angkor-Vat

Je suis bien souvent de son enfance, de son ouverture au monde,

De ses camarades partis ailleurs, de son maudissement pendant la guerre

Je suis bien sûr au fin fond de sa peine, de son lit blanc

Mais par-dessus tout, je serai de sa montagne sacrée

Je serai de ses pentes terrées

Mais par-dessus tout je serai de son âme

Et par-dessous tout de ses affres moquées

Je serai de ce pays.

LARMES

Larmes qu'on déchire
A coup de maints chantiers
Lorsque l'on devient vieux
Pour se conduire en homme.

LES FRERES

Ça tend aux chimères, et ça rit si loin
Ça vise la terre, loin de l'île, loin
Ça sent la poussière, la rejoint parfois
Ça se rêve en frères, ça ne le devient pas

Ça se perd bien au-delà des pas de mon cœur
Ça broie, ça grasse, ça graisse, ça arrose les chiens
Ça n'est qu'un hall de gare, tout plein de fou hasard
Partant pour le plein hiver, parti pour mon enfance

Il ne suffirait pourtant que d'un ciel bleu
D'un accord sans prose pour être heureux
D'une mélodie puis d'aimer tous dieux
Du temps de la France, du temps du petit frère.

LA PLUIE

Dans un nuage blanc
Un horizon lointain
Une fleur au jardin compte
Et compte infiniment
Et compte comme le diamant
Et soumet ses instants
A la vie malhabile
Qui instantanément
Met l'amour à ses lèvres
Mais
Beauté emblématique
En dehors de l'aube nue
De son esprit malin
Est le vide
En chacun
Et destin
A ses êtres

La pluie
Ce brouillard complet qui emplit l'atmosphère
Cette brume qui fracasse nos âmes
Et la porte qui se ferme et pleure au vent
d'hiver
Et ce trottoir, et ce trottoir désert.

IL Y A VINGT ANS

Il y a vingt ans
Une étoile brillait dans la nuit
Il y a vingt ans jour pour jour
Il y a vingt ans d'une longue nuit
D'une nuit d'amour

Il y a quinze ans
Un ange débarquait dans la nuit
Il y a quinze ans jour pour jour
Il y a quinze ans d'un long pays
D'un ange devenu sans amour

Il y a dix ans
Je recevais par son cœur son contact
Je recevais une heure
Et peut-être
Son monde
Ses jours
Ses pleurs
Il y a dix ans de l'amour
Il y a dix ans de chacun de ses pas

Et depuis
Aujourd'hui
Je ne sais pas

Et depuis
Aujourd'hui

Je ne sais pas.

L'AMOUR

L'amour est caché
Et sert à me tuer
Ou même à galoper
Ou même à voyager
Au loin de mes limites
Cent limites à oser
Ou cent mille rivières
Ou cent millions d'étés
Quand il n'y plus que toi

Moi je pourrais serrer
Serrer le monde entier
Mais des millions de terres
Elles ne pourraient le faire
Quand je ne vois que toi

Et puis ce monde là
Qui est faussement posé là
Posé jusqu'à l'os
Qui est faussement posé
Je ne me retourne même pas
Je ne le regarde même pas
Car je ne pourrais pas
En ton velours qui glace
Me séparer de toi

Je pourrais oui c'est vrai

Je pourrais les aimer
Les bras entrelacés
Les limites du monde
Mais je ne galoperai plus
Qu'en mes hésitations
Qui seraient chevaux blonds
En mes noces pressées

Pressé de t'essayer
Pressé de s'essayer
A tes larmes et tes mains
Pressé d'être demain
Qui n'est jamais qu'abime
Car il n'y aura que toi
Mon plus beau souverain
Dans mes beaux lendemains
Dans mon monde décimé
Tu finiras ma main
Tu finiras mes larmes
Tu finiras mon île
Tu finiras ma ville.

FUTUR PRESENT

Oui, ce n'est qu'un désir, le dernier des désirs, juste avant de mourir, l'étrangère de mon enfance, de s'éclater la rate, de ne pas la rater, de ne surtout par la rater. Te revoir, et t'aimer.

Oui, le dernier point commun. Le dernier lieu commun. Ce qu'on n'écrit jamais. Ce qu'on ne s'est jamais écrit. Tu l'as.

Oui, je suis le dernier de ton ombre, le dernier de ton chagrin, le dernier de ton arbre, le dernier de ton pas, le dernier de ta ville, ta ville belle mais commune, visitée parce qu'oubliée, cette ville animale, à jamais annihilée, dans tes pensées, dans mes pensées, cette ville effacée de nos pensées, cette ville, ce village, ce hameau froid et triste et dévasté comme inondé.

Oui. Toi qui m'as condamné.

Oui. Et ce n'est que moi l'exilé, le banni, et pour te dire je t'aime, et pour me donner du mal, de te doubler, de t'apercevoir, de me retourner, une dernière fois. Une bonne fois, une bonne fois pour toutes. Et pour te prendre enfin dans mes bras.

Oui. Moi ce clown triste, et moi souvent las de toi, moi comme la noirceur de mes cheveux ou comme la roche de mes yeux ou comme la rose de mon cœur qui s'est fermé. Et moi sur ce caillou, vide, sans rien, sans rien, triste. Mais qui ne meurs jamais.

Alors ma future princesse, essuies ces larmes, détestes moi encore, mais fais quelque chose. Réagis, bouscule-toi, prends en main le destin, retourne-toi vers moi. Retourne-toi. Retourne-moi.

Et viens vers moi, et demande-moi. Si les vingt ans arrivent, c'est que le futur est présent.

SI

Si la terre arrive
Si l'oxygène arrive
Et si les cendres viennent
Et si l'amour arrive
Ça ne sera pas la peine
D'être une oxygénée
Une terrienne
Une reine
Une colline à monter
Ce ne sera que toi
Que je pourrai aimer
Ce ne sera que toi
Comme si c'était l'été

Et si les nues sont là encore
Et si l'hiver est là encore
Et si l'argent est là encore
Et si l'amour est un trésor
Et plus grand que les lumières
Dans les vingt ans de l'hiver
Ce ne sera que toi
Ta main
Et toujours
Que je pourrai baiser

Et si la terre s'abaisse
Si l'oxygène nous laisse
Et si l'amour survient

Nous serons comme la chaîne
De montagnes
Eclatés

Et si l'amour arrive
Et si la route s'ouvre
Et si tu crois en moi
Et si tu crois en toi
Et si tu crois en nous
Si tu étais l'été.

L'ESPOIR

J'ose espérer
Une rose
En été
J'ose me souvenir
D'un sourire
Parfumé
Zone confuse
Au parc de l'enfance
Zone décimée
Zone
Des jardins
Embaumés
Mosaïque
Jaune
De l'ombre
Qui m'effraie.

LA GUERRE AU SOLDAT

Un soldat fou
Troué de vers
En uniforme
De son paraître
Tel un diadème
Et comme un être
Se pose là
Dans la froideur
Pour dire je t'aime
A la noirceur
Si blanc le soir
Tel un satin
Et planqué là
Comme le matin
Le hasard en lui
Est un phare
La lumière
Lui étreint les mains
Le poète en guerre
Est toujours
Et toujours
N'est jamais demain
Et toujours
N'est jamais qu'amour
Ce soldat sombre
File à l'anglaise
Et moi je ne suis que son poème
Et moi je ne lui dis pas je t'aime

Ce soldat sombre
File à l'anglaise
Et moi je ne suis que son poème
Et moi je ne lui dis pas je t'aime

Un soldat fou
Troué de vers
En uniforme
De son paraitre
Tel un diadème
Et comme un être
Se pose là
Dans la froideur
Pour dire je t'aime
A la noirceur
Si blanc le soir
Tel un satin
Et planqué là
Comme le matin
Le hasard en lui
Est un phare
La lumière
Lui étreint ses mains
Le poète en guerre
Est toujours
Et toujours
N'est jamais demain
Et toujours
N'est jamais qu'amour
Ce soldat sombre

File à l'anglaise
Et moi je ne suis que son poème
Et moi je ne lui dis pas je t'aime

Ce soldat sombre
File à l'anglaise
Et moi je ne suis que son poème
Et moi je ne lui dis pas je t'aime.

MISS SOLEIL

Miss soleil est un nuage
Miss neige blanche est un naufrage
Miss carrefour est un éclair
Miss brouillon est un brouillard
Miss adoubée par la cour
Un corbillard
Miss nue est un nénuphar
Mais miss cette enfance là
Miss enfance est posée là

Miss soleil est un nuage
Miss neige blanche est un naufrage
Miss carrefour est un éclair
Miss brouillon est un brouillard
Miss adoubée par la cour
Un corbillard
Miss nue est un nénuphar
Mais miss cette enfance là
Miss enfance est posée là.

LE MANEGE

Je me souviens du manège, il neigeait, nous nous étions pris par la main. Le soir était magique, la nuit d'un bleu pas encore éteint, et encore étincelant, les ombres scintillaient. L'espoir était vif, dans le soir pale, bougeant comme tournoyant, nos doigts distingués étaient mêlés, notre amour était resplendissant.

Terre rouge.

Terre rouge qui labourait nos cœurs.

Terre rouge, terre rouge qui était notre impossibilité.

J'avais inventé une terre rouge, et plus que cela, une étoile.

Je me souviens de ce manège.

Je me souviens de ce nom.

Ce nom.

Ce nom, ce vent, ce sac de toile

S'en sont-ils éloignés de mon étoile ?

Ce seront tes prières

Et toi que je trimballe

Pour qui mon cœur s'emballe

Pour qui je prends la mer.

DISTINCTIONS

Comme le temps est tragique
Et hystérique
Et irrévérencieux
Et toutes nos vies sphériques
Et comme
Les quatrains
S'effeuillent au plus haut point
Je pointe
Aux mass médias
Je pointe
Votre trépas
Je pointe
Ma poésie
Et mes dieux réunis
De Chine
Ne font pas mieux
Et je pointe
Et je traine
Et je pleure
Et je pointe
Et je peine
Et je suis
Silencieux
A défaut
D'un voyage
Il faut tourner
La page
Je rends

Hommage
Aux hommes
Aux gens heureux.

L'ENFANCE BOURGEOISE

L'enfance bourgeoise est sans enfance
Un paysage, sans métissage, un temps lointain
Et les pas qui deviennent refrain
Une autre histoire qu'un vol de France

L'enfance bourgeoise est sans enfance
Je peste une descente, un quartier, un chien
Une maison plate, d'une nuit si noire, d'un ciel
demain
L'enfance bourgeoise est sans enfance

L'enfance bourgeoise est sans enfance
Quand il ne reste rien.

JEU

Je suis natif du pays de la haine
Où les hommes fous jettent les roses
Et paradent aux merveilles de leurs îles
Et puisent leurs soumissions du cri

Je suis natif d'un fief sans prose
Et puis surtout sous un soleil
Les hommes à moi les gardent vieilles
Les choses belles du paradis

Je suis natif du pays de la haine
Le temps venu d'être sans elle
C'est ainsi que sommeillent les merveilles de
mon être
C'est ainsi que sommeillent les merveilles de
la vie

Je suis natif du pays de la haine
Natif du jardin de ma peine

Je suis natif
Des évènements
D'aucune grenade
D'aucun souci

Je suis natif de leurs nuits
Je suis natif de leurs chiennes de nuits.

AUTOUR DU MONDE

Autour du monde
En mercenaire
Demain prière
Est un jour sombre
En moins en moins
De plus en plus
Demain prière
Est un jour de plus
Comme une girouette
Pour moi
Un jour pour vivre
De mes pieds
De mes Noëls
De mes liqueurs
Mes étoiles noires
Et mes rancœurs
Et mes orgueils
Côté rizière
Côté frontière
Côté souliers
Un peu pressés

Autour du monde
En mercenaire
Demain prière
Est un jour sombre
En moins en moins
De plus en plus

Demain prière
Est un jour de plus
Comme une girouette
Pour moi
Un jour de plus pour les marionnettes
Comme moi
Quêtant richesse
Mais moi qui pleure
Je fonce au cœur
Je partirai
Sur les étoiles
Sur un sentier
Et comme un fou
Autour du monde
Je l'embrasserai
Ce chemin mou
Puis l'oublierai
Désespéré
Ma chrysalide

Autour du monde
En mercenaire
Demain prière
Est un jour sombre
Et moins en moins
De plus en plus
Demain prière
Est un jour de plus
Comme une girouette
Pour moi

Un jour de moins
Sans toi
Un jour de moins
Pour moi
Bien sûr
Ce jour de larmes
Est rempli encore
Bien sûr
Dans ce désert
De paraître
Je peux y être
A moitié mort
Mais c'est un jour de plus pour moi
Je ne peux plus te voir
Te voir marcher
Te voir sourire
Ça tu vas rire
Je ne peux même plus nous voir vieillir
Tout a changé
Mais vivre, et vivre continuera
Bien après l'amour
Bien après l'amer
Bien après la nuit
Bien après.

LES BEAUX MOTS

Je suis un étonneur de voyelles, un dynamiteur de consonnes, un profiteur des mots, un épeleur, éparpilleur, terminaliste. Fondeur de prose. Je suis le temps qui passe, les relais triomphants, un poète.

Empoisonné, apeuré, dépassé, violent.

Papillon dans les airs, dans un monde sans tendresse, où il faut tout fredonner.

Et je fredonne, je fredonne sans fin.

Je ne cesse de fredonner des comptines plus sages comme pour me rassurer.

Je suis le dernier va-t'en guerre de l'imagination profonde des trois provinces.

Je suis l'homme des beaux mots, j'en ai tout plein la poche.

Autour de moi les hommes et les femmes, les peuplades dépeuplées, ont été transformés. Devenus sombres.

Une catastrophe les a emportés dans un gouffre d'égoïsme.

Pour me souvenir d'eux, de ma propre famille d'avant, je fredonne sans fin.

Du temps où ils étaient vivants, je n'étais pas éternellement mort comme eux non plus.

Mais aujourd'hui, je suis au milieu de leurs rêves étroits, et ils ne sont que le hasard, et ils ne sont que ma folie.

LE MATIN

Un matin cisaillé, une chanson qui luit
Un texte noir et passé, douché des mondes enfuis
Et l'espoir qui rompt, et l'escale qui fuit
Et l'harmonie dissonante et qui court à la ronde

Et ce papier maudit
Et ce papier et ce papier de verre
Et ce mot de prière
Ce croquis
Ce mot qui fuit
Puis
Ce matin qui rompt
Et l'escale
Et la nuit.

PÊLEMÊLE

Et si pêlemêle mon petit gars
Entre ce que tu as oublié de faire ce matin
Et qui importe peu
Dire bonjour, dire bonjour,
Juste avant de te laver les dents
Et ce que tu vas oublier de faire ce soir
Juste après t'être fait tirer le portrait
Dire bonsoir, dire bonsoir,
Juste avant de te laver les dents
Si pêlemêle
On le changeait enfin ce monde ?

Et si toi mon amour
Tu pouvais démêler
Le vrai du faux
Ce qui peut l'être encore

Et si tu me donnais la force
D'y croire

Et si ces cécités
Et si ces tombeaux
Ces tueries folles et lamentables

Et si ces religions
Détestables
Et si ces abominations

Ces délires stridents fermant les portes
Comme ici comme ailleurs

Et toi mon petit gars
Ayant peur
Et si pêlemêle nous refaisions le monde
Comme un battement d'ailes…

Table des matières

SANNABELLENTA 1

COMMENCEMENT DES MERS DU SUD 3

TOI 5

AU VILLAGE D'APRES 8

EXODE 11

L'ESPÉRANCE 13

CRABE TAMBOUR 19

APOSTROPHES 21

FUNICULAIRE CLAIR 24

CES CHAINES SEULES 25

GUITARE SECHE 28

DÉVERS AFFICHÉS 29

LE LONG DES JOURS DES FLEURS 32

L'ENFANT ET SES MAINS 33

COMMENCEMENT DU SUD 35

TOUS CES VISAGES 38

SEMBLANT FLIPPER 39

MES LILAS TENDRES 40

MON COEUR VOTE POUR VOUS 42

TON CRI 44

DIVISIONS 46

SUCCESSIONS DE FLEURS 47

MADAME LA BEAUTÉ QU'ILS DISENT 48

CRAQUAGE 49

POUR TOUJOURS 50

BILLIE JEAN 52

PROVIDENCE....................................... 53

QUAND 55

MON FRERE 57

ELLE ET LUI... 60

MONDE DE RANGEES D'EAUX 61

LE BROUILLARD 63

PRESENCE 64

LARMES 66

LOYAL... 68

SPECTACLE ENCHANTEUR 69

DEUX AMIS 70

IL Y A VINGT ANS 72

SOLEIL, QUAND TU ES LA..................... 73

SURBRILLANCE.................................... 75

LES CENDRES 77

LE COMBAT... 79

LA VIETNAMIENNE 82

LA ROSE 84

PORTES DU PARADIS 85

CAMBODGE 86

LARMES 88

LES FRERES.. 89

LA PLUIE.. 90

IL Y A VINGT ANS 91

L'AMOUR 93

FUTUR PRESENT 95

SI 97

L'ESPOIR... 99

LA GUERRE AU SOLDAT 100

MISS SOLEIL 103

LE MANEGE.. 104

DISTINCTIONS... 105

L'ENFANCE BOURGEOISE................................ 107

JEU 108

AUTOUR DU MONDE....................................... 109

LES BEAUX MOTS... 112

LE MATIN 113

PÊLEMÊLE 114

dépôt légal : septembre 2019